PADRE REGINALDO MANZOTTI

apresenta

com texto de

CAROLINA CHAGAS

SANTO EXPEDITO

EDITORA NOVA FRONTEIRA PARTICIPAPAÇÕES S.A.

Rua Nova Jerusalém, 345 – Bonsucesso – 21042-235

Rio de Janeiro – RJ – Brasil

Tel.: (21) 3882-8200 – Fax: (21)3882-8212/8313

CIP-BRASIL. CATALOGAÇÃO NA FONTE
SINDICATO NACIONAL DOS EDITORES DE LIVROS, RJ

M253p

Manzotti, Reginaldo, 1969-
Pe. Reginaldo Manzotti apresenta Santo Expedito / Pe. Reginaldo Manzotti e Carolina Chagas - 1. ed. - Rio de Janeiro : Petra, 2015.
64 p.

ISBN 978.85.220.3077-4
1. Expedito, Santo - Livros de oração e devoções. 2. Livros de orações. I. Título. II. Série

CDD: 242.76
CDU: 243

PADRE REGINALDO MANZOTTI

apresenta

com texto de

CAROLINA CHAGAS

SANTO EXPEDITO

petra

SUMÁRIO

APRESENTAÇÃO

Muitas pessoas dizem que não há santo mais amigo que Expedito. À ele é possível recorrer sempre que preciso. Nas vezes em que estiver desesperado(a), sem horizontes, com problemas que tiram o seu sono, lembre-se de Santo Expedito. Ele compreende as nossas necessidades — aliás, a maior nobreza deste santo é ser superior as pequenezas do caráter humano. Sempre que um fiel vai ao seu encontro, não importa seu passado, nem seu futuro, ele ajuda. Rápida e incondicionalmente. Claro, só se o pedido for justo. Essa é, aliás, uma regra comum aos pedidos feitos aos santos: são atendidos se forem justos.

Por isso, foi com muita alegria que escrevi este livro totalmente dedicado a Santo Expedito. Aqui reúno a história bem pouco precisa de sua vida (há poucos e vagos registros históricos), conto de onde vêm suas principais características (a roupa, o corvo embaixo dos pés) e ainda incluo orações, súplicas e novenas pesquisadas junto a seus ardorosos devotos. Eles garantem (e eu também!) que feitas com fé elas fazem com que pedidos impossíveis e urgentíssimos se tornem realidade.

Fé e Santo Expedito são uma dupla que não costuma falhar.

Boa leitura!

CAPÍTULO 1

A história

Além de poucos, os registros da existência de Santo Expedito são bastante imprecisos. O único documento histórico de sua passagem pelo planeta é uma nota no Martirológio Romano – escritos que existiam em todas as igrejas, nos primeiros tempos do catolicismo, e que serviam para registrar a memória de todos aqueles que morriam pela fé, os mártires, e mereciam ser santificados. No século 16, o Martirológio foi unificado e existe até hoje – sua última edição é de 2001. Além de listar santos e beatos, é o livro que serve de base para o calendário litúrgico e as festas religiosas da Igreja Católica.

Escritos que existiam em todas as igrejas, nos primeiros tempos do catolicismo, e que serviam para registrar a memória de todos aqueles que morriam pela fé, os mártires, e mereciam ser santificados.

O texto que se refere a Santo Expedito no Martirológio diz mais ou menos assim: "Em Metilene, entre a Armênia e a Capadócia, os santos mártires Hermógenes, Gaio, Expedito, Aristônico, Rufo e Gálatas foram todos coroados no mesmo dia".

Santo Expedito teria nascido no final do século II, entre a Armênia e a Capadócia, provavelmente em Metilene, — uma cidade construída também no século II pelo imperador romano Trajano —, e teria sido soldado da legião romana. Essa região do sul do Cáucaso, nas margens dos rios Tigre e Eufrates (hoje parte da Turquia) é considerada "terra de predileção" pelos antigos historiadores do catolicismo. Segundo eles, ali teriam vivido os grandes mártires da Igreja.

A palavra mártir vem do grego *mártys*, e quer dizer testemunha. Os mártires testemunharam sua fé em Jesus Cristo, entregando a própria vida, sendo que Santo Estevão foi o primeiro mártir da Igreja nascente, como narra o Livro dos Atos dos Apóstolos (capítulo 7, versículos 54 a 60).

Segundo as Escrituras Sagradas, foi também naquela região, nas montanhas armênias do Ararat, que a Arca de

Noé assentou-se quando as águas do imenso dilúvio que inundou toda a Terra baixaram. Foi na Armênia, ainda, que os apóstolos Judas Tadeu, Simão e Bartolomeu fizeram as primeiras pregações católicas.

O Santo deve ter vivido grande parte de sua vida em Metilene — hoje a cidade de Malatia, na Turquia — e pode ter tido outro nome. Expedito seria um apelido que ele teria recebido ainda garoto por causa de alguma característica sua.

Os primeiros relatos de milagres atribuídos a esse soldado romano apareceram no século 18, na Alemanha. No mesmo século, ele foi invocado como o padroeiro de Acireale, cidade da Sicília, na Itália, e ganhou capelas na Espanha, sobretudo na região da Catalunha.

CAPÍTULO 2
O nome

Na época em que Santo Expedito viveu, era hábito entre os romanos apelidar pessoas com uma palavra que reforçasse um traço marcante de seu caráter. Havia vários Felix, ou "feliz", Constans, ou "constante", Primus, ou "primeiro" (os primogênitos das famílias), Rufus, ou "ruivo", Niger, ou "negro", e também havia os expeditos, que se destacavam por sua presteza e prontidão.

Outra teoria afirma que o nome do Santo teria origem na qualificação dos tipos de soldado que integravam o exército romano. Sabe-se que eram de dois tipos: *expeditus* e *impeditus*. Os *expeditus* usavam armamento leve e desembaraçado e faziam a defesa do território. Os *impeditus* tinham roupas e armamento mais pesados e ficavam na retaguarda, cuidando dos pontos estratégicos do império. Pode ser, então, que nosso herói fosse um soldado *expeditus* que tenha se destacado, e acabou ganhando como apelido o nome da legião que defendeu com tanta coragem.

Uma terceira corrente diz que, depois de sua morte trágica perto de Roma, digna de um mártir, o santo teria sido colocado em um caixão por admiradores e enviado para um mosteiro na Espanha, para ser enterrado com honras, dignidade e segurança. Para que o caixão fosse enviado rapidamente ao seu destino, teriam escrito em seu tampo a palavra *spedito*, que significava "urgência". Os que receberam o caixão teriam confundido o pedido de rapidez com um nome bastante comum na região, Expedito, e começaram a divulgar aquele mártir como o santo das causas urgentes.

CAPÍTULO 3

A vida de soldado

Diz a história que Santo Expedito foi chefe da 12ª Legião Romana, também conhecida como "Fulminante", que reunia mais de seis mil soldados. Ele teria sido um homem belo, muito corajoso, que se distinguia dos demais. Consta ainda que, antes de se converter ao cristianismo, apesar de soldado dedicado, nas horas vagas era homem devasso, farrista e desregrado. Entre suas muitas missões, uma era perseguir os cristãos — assim como São Paulo que, embora não fosse soldado, tinha o título de cidadão romano, era um fariseu convicto e radical em sua fé na religião judaica, mas que, depois do seu encontro com Jesus, converte-se e passa de perseguidor a maior anunciador do Evangelho. Os imperadores de Roma, nesses tempos, eram contra a doutrina cristã. Rejeitavam a ideia da existência de um Deus único e superior. Eles próprios queriam ser vistos, respeitados, obedecidos e adorados como deuses.

Conta-se que, a partir de certo momento em suas batalhas, Expedito começou a se impressionar com a resistência dos cristãos, que não negavam a fé naquele Deus que teria enviado seu Filho para a salvação da humanidade. Eles persistiam na fé mesmo diante das piores ameaças, e nem diante da morte arrefeciam.

Acredita-se que mais ou menos nessa época a legião comandada por ele foi enviada para a Germânia. Isso aconteceu durante um verão. A água era escassa e os soldados começaram a perder suas forças. Temendo os próximos combates, alguns subordinados de Expedito, que eram cristãos, resolveram pedir ajuda a Deus. A verdade é que, sem água, só um milagre os salvaria. Esse grupo teria se reunido em um ponto próximo aos campos de batalha, se ajoelhado e rezado. Os inimigos teriam ficado surpresos ao ver aquele aglomerado de homens com os braços abertos, suplicando a Deus (calcula-se que fossem mais de duzentos).

Quando terminaram as orações e voltaram ao campo de batalha, caiu uma chuva torrencial. Depois de matar a sede, que era então desesperadora, os homens conseguiram combater melhor. Divulgou-se sobre esse episódio que, a certa altura, os raios teriam se multiplicado e uma chuva de granizo teria protegido o exército que Expedito comandava, e que os inimigos, admirados e amedrontados, teriam fugido. Santo Expedito teria se convertido ao cristianismo logo depois dessa batalha, antes mesmo de chegar a Roma para receber as honras pela vitória.

Outra versão conta que era o então imperador Marco Aurélio quem combatia os bárbaros nessa batalha da campanha da Germânia, ocorrida na região chamada de Quades, próxima ao que hoje é a Hungria. Sem água, o imperador teria feito os encantamentos mágicos, muito tradicionais entre os guerreiros daquela época. Um grupo de soldados cristãos teria se reunido, longe do local dos sacrifícios, e feito uma oração, de joelhos, com os braços abertos e o rosto virado para o céu. Entre eles estariam muitos integrantes da legião comandada por Santo Expedito. Assim que terminaram a oração (antes que acabassem os ritos de magia), a chuva teria começado a cair e os raios e pedras de granizo teriam atingido os inimigos. É pouco provável que o imperador Marco Aurélio se dedicasse a encantamentos mágicos. Como mostrou o cinema na premiada produção *Gladiador*, Marco Aurélio era conhecido por sua sabedoria: antes de ser morto pelo próprio filho, que o sucedeu, decidiu entregar o comando de Roma ao general vitorioso, que é personagem-título do filme.

CAPÍTULO 4

A conversão

Vamos considerar, neste livro, a primeira versão da conversão de Expedito. Logo depois da batalha, convertido ao cristianismo com muito fervor, ele teria cumprido as tradições e seguido para Roma. Ao chegar à capital do Império Romano, o batalhão que liderava teria se apresentado ao imperador Diocleciano e lhe contado as boas-novas. Muito emocionado, o imperador teria dado ordens para que fossem feitos sacrifícios aos deuses em agradecimento à vitória. Expedito teria se recusado a cumpri-las e, em seguida, contado ao imperador que se tornara um dos seguidores de Cristo. Como era combatente respeitado e eficaz, o imperador ofereceu-lhe honras, posses e riquezas para que voltasse atrás e negasse a existência de um Deus único e a passagem de Cristo pela Terra. Expedito novamente teria recusado as ofertas e se mantido fiel a suas convicções. Diocleciano, enfurecido, teria condenado o soldado imediatamente à morte dolorosa.

Diocleciano sagrou-se imperador de Roma no ano 284 da Era Cristã. Em seu palácio, conta-se, havia liberdade de religião. Acredita-se, inclusive, que sua esposa, Prisca, e a filha, Valéria, fossem cristãs. Mas Galero, seu genro, era pagão convicto. Em certo momento, Galero teria sido um dos mais influentes conselheiros de Diocleciano e teria determinado a perseguição aos cristãos e a destruição de igrejas e livros sagrados. A mãe de Galero também era contra o cristianismo e incitava o filho a dizer que os seguidores da nova religião conspiravam contra a vida do imperador. Em tempos de guerra, as conspirações costumavam tirar o sono dos governantes. Assustado, Diocleciano tornou-se contumaz perseguidor de cristãos. Diz-se que até membros do palácio, antes tolerados, foram assassinados de forma brutal — afogamentos e decapitações eram as ma-

Logo depois da batalha, convertido ao cristianismo com muito fervor, ele teria cumprido as tradições e seguido para Roma.

neiras mais comuns de matar — por seguirem os ensinamentos de Cristo. Uma perseguição sangrenta e constante contra os cristãos foi iniciada. Esse período sangrento, deflagrado por Diocleciano, durou muitos anos e só terminou em 324, quando o imperador Constantino, que se converteu ao cristianismo, assumiu o trono.

CAPÍTULO 5

O martírio

Antes de ser decapitado por ordem do imperador, Santo Expedito foi flagelado publicamente até derramar muito sangue. Como era um comandante respeitado, o imperador queria que sua morte servisse de exemplo para seus seguidores e os afastasse do cristianismo. Sua decapitação ocorreu no que hoje equivale ao dia 19 de abril, no ano de 303. É por isso que, até hoje, as festas em sua honra acontecem nesse dia. Outros soldados cristãos foram mortos junto com ele; entre eles, os escritos destacam São Polieucto.

Alguns relatos contam que, depois de converter-se ao cristianismo, Santo Expedito comandou outros combates e, antes de todos, realizou orações pedindo proteção a Deus nos campos de batalha. Então, teria ficado popular seu ardor e sua disciplina às ordens da Igreja. A fama teria chegado aos ouvidos de Diocleciano, que o chamou à sua presença. Ao saber que ele se convertera ao cristianismo e que pregava os ensinamentos cristãos para seu batalhão, condenou-o à morte. Entre os cristãos sacrificados até aquele momento também se destacam outros chefes e centuriões romanos como Maurício, Marcelo e Sebastião. Este último se tornaria o conhecido São Sebastião, padroeiro da capital do Rio de Janeiro e que tem muitos devotos no Brasil.

Há quem diga que Expedito nutria grande admiração pelo capitão Sebastião e que, antes de morrer, disse estar honrado por ter final parecido com o do homem que, com tamanha bravura, defendera a fé cristã diante do imperador Diocleciano.

CAPÍTULO 6

O santo

Diz a lenda que, no momento em que Expedito resolveu se converter ao cristianismo, um corvo inspirado pelo diabo teria rondado sua cabeça e grasnado repetidamente "crás, crás, crás". O barulho feito pela ave lembra a palavra latina que significa "amanhã". O soldado teria entendido que a ave o aconselhava a deixar aquela decisão para depois. Decidido, Expedito teria pegado o corvo em pleno voo, esmagado-o sob os pés e dito: *Hodie!*

Desde então, ele é ligado ao lema "não deixe para amanhã o que você pode fazer hoje", e por isso tornou-se o santo das causas imediatas, que têm de ser resolvidas aqui e agora. Santo Expedito é o padroeiro dos militares, estudantes, viajantes e também é o patrono das causas urgentes.

Sua imagem é associada à de um soldado, vestindo túnica curta, recoberta por uma armadura, e calçando sandálias romanas bem fechadas. Nos ombros traz um longo manto, geralmente na cor vermelha. A seus pés, quase sempre ao lado de sua perna esquerda, há o capacete usado pelos militares romanos de sua época. Em uma das mãos — à direita, quase sempre —, costuma trazer uma cruz, com a inscrição *hodie!*, numa referência ao que ele teria dito ao corvo amaldiçoado que, nas imagens, costuma estar sob um de seus pés, esmagado, grasnando "crás".

Na mão esquerda, Santo Expedito traz uma palma, símbolo dos mártires, que também representa a vitória sobre o inimigo e que, para os cristãos, passou a representar um sinal da vitória espiritual sobre a morte. Sua postura indica que o santo está pronto para a ação, para responder com prontidão e rapidez a todos os fiéis que procurarem por ele com algum problema urgente.

CAPÍTULO 7
A devoção

Santo Expedito começou a ser venerado em sua pátria, a Armênia, logo depois de sua morte. Seus milagres não mereceram especial registro, mas sua fama de atender a pedidos urgentes atravessou os mares. Os primeiros registros de devoção a ele apareceram na Alemanha meridional. De lá, sua fama espalhou-se pela Itália — com especial ênfase na Sicília —, Espanha e Bélgica. Em várias igrejas do mundo encontram-se imagens que representam Santo Expedito, com seu traje de legionário romano e uma cruz nas mãos em que está inscrita a palavra *hodie!*.

No século IX, um relicário com a inscrição "Expedito" na tampa foi encontrado em um convento em Paris. Alguns estudiosos acreditaram que se tratava de relíquias de Santo Expedito, o que nunca foi confirmado. Nas cidades de Marselha e Pau, na França, há um grande número de fiéis do santo.

A devoção chegou ao Brasil junto com os imigrantes sicilianos. Santo Expedito ganhou sua primeira igreja em São Paulo no ano de 1942. Trata-se de uma capela singela, construída em uma travessa da avenida Tiradentes, nos arredores do quartel da Polícia Militar, perto da Estação da Luz, no centro de São Paulo. Uma curiosidade desse endereço é sua proximidade com o Mosteiro da Luz, convento projetado e erguido por frei Galvão. Durante o processo de canonização do frade — o primeiro santo brasileiro —, vários milagres tiveram que ser descartados, pois os fiéis admitiram ter feito o pedido simultaneamente para frei Galvão e para Santo Expedito, já que as igrejas eram tão próximas e ambos inspiravam a certeza de se obter bons resultados.

Até meados dos anos 1990, a devoção à imagem do centurião romano restringia-se a um pequeno círculo de paulistanos. Mas, depois de ter seu nome divulgado em um programa de rádio muito popular — apresentado pelo radialista Eli Corrêa, famoso pelo bordão "oooi, geeente!" —, o Santo viu seus fiéis se multiplicarem vertiginosamente. Segundo os registros da capela da Polícia Militar, o número de devotos que frequentava o local no dia da festa de Santo Expedito, 19 de abril, saltou de cerca de uma centena para cem mil pessoas, em 1998, e desde então não para de crescer.

Hoje, o santo ganhou imagens em igrejas nos principais bairros de São Paulo, e é impossível circular pela capital paulista sem topar com uma faixa com os dizeres "Santo Expedito, agradeço pela graça alcançada".

Seus "santinhos" também estão entre os mais impressos nas gráficas especializadas. Em apenas uma delas, na capital paulista, o número de impressões do folheto com sua imagem de um lado e uma oração no outro é superior a três milhões de unidades anuais. Tradição que nasceu quando um fiel teve sua graça alcançada e como forma de agradecimento mandou confeccionar um milheiro de santinhos e os distribuiu propagando a oração a Santo Expedito e incentivando a fazerem o mesmo.

E não é só em São Paulo que os devotos do Santo multiplicam-se. Ele tem igrejas espalhadas por todo o Brasil, em cidades como Belo Horizonte, em Minas Gerais, e Niterói, no Rio de Janeiro.

CAPÍTULO 8

As orações

A quantidade de orações a Santo Expedito que existe é muito grande. Abaixo estão aquelas indicadas por fiéis fervorosos. Muitas têm fins específicos, como se dar bem em um exame ou fazer as pazes com alguém. Entre as orações também destacamos uma ladainha, duas novenas e a reza de um terço, todas destinadas ao Santo das Causas Urgentes.

Santo Expedito, socorrei-me!

Meu Santo Expedito das causas urgentes e justas, intercedei a Deus por mim para que eu seja liberto de todas as minhas incertezas, necessidades e aflições.

Peço-Vos, ainda, que me alcanceis de Deus a graça de que hoje tanto necessito: (fazer o pedido).

Quero me esforçar para seguir os caminhos de Deus em minha vida, dar absoluta prioridade à Sua Palavra e me deixar conduzir totalmente pelo Espírito Santo.

Santo Expedito, intercedei por nós!

Oração a Santo Expedito

Santo Expedito, meu protetor e amigo, sempre que necessito recorro a Vós. Hoje estou um tanto deprimido e cansado, pois me aconteceram algumas dessas coisas desagradáveis. / Vinde sem demora em meu socorro, para que eu não esmoreça no caminho do bem e da virtude. Quero ser um fiel seguidor de Jesus e de Seus ensinamentos.

Intercedei por mim para que os meus problemas sejam resolvidos na maior paz e harmonia, por isso hoje Vos faço esta súplica. (Fazer o pedido) / Santo Expedito, intercedei por nós!

Santo Expedito, curai-me!

Valei-me, Santo Expedito, pois estou novamente aqui, em primeiro lugar para agradecer os favores que, por Vossa intercessão, recebi de Deus, e também para Vos pedir novos

Quero me esforçar para seguir os caminhos de Deus em minha vida, dar absoluta prioridade à Sua Palavra e me deixar conduzir totalmente pelo Espírito Santo.

favores. / Intercedei a Deus por mim e pela minha família, pelos doentes, desempregados e desanimados. Olhai também pelas pessoas que não têm os recursos necessários para tratar a saúde ou que padecem de uma longa enfermidade que lhes exige muita paciência e calma.
Santo Expedito, intercedei por nós!

Abençoado Santo Expedito

Santo Expedito, olhando para a Vossa imagem, tenho vontade de ser forte e corajoso como Vós fostes nesta vida. Quero imitar-Vos, sendo fiel aos compromissos que assumi como cristão, e pedir-Vos hoje algumas graças de que necessito, não só para mim, mas também para outras pessoas que eu amo e que estão doentes. (Dizer as necessidades) Ajudai-me a viver o Evangelho e a ser um fiel testemunho de Jesus com a minha vida. / Glória ao Pai, ao Filho e ao Espírito Santo, como era no princípio, agora e sempre. Amém. / Santo Expedito, intercedei por nós!

Para aprovação num exame

Ó Santo Expedito, Vós que sois o padroeiro dos estudantes, pleno de confiança em Vossa fiel intercessão, venho pedir-te que me alcances a graça de ser bem-sucedido no exa-

me que farei. Penso ter aplicado em meus estudos toda a dedicação de que fui capaz, mas sei também que é unicamente o bom Deus quem concede todos os bens àqueles que o amam. Por isso, Santo Expedito, recorro à Vossa assistência, a fim de que intercedas por mim ao Senhor e Ele se digne a ser-me favorável: que Ele me conceda também a graça de poder, durante toda a minha vida, servir com o mesmo amor com que O serviste.

Santa Maria, Mãe de Deus, rogai por nós. / Santo Expedito, padroeiro dos estudantes, rogai por nós.

(Ao final da oração, rezar três Pai-Nossos, três Ave-Marias e três Glórias ao Pai..)

Pela cura de um enfermo

"Senhor, aquele que amais está doente!"

Ó Santo Expedito, porque confiamos na disponibilidade e na fidelidade de Vossa intercessão, voltamo-nos para ti e te suplicamos que sejas nosso auxílio junto ao Senhor, a fim de que, tocada por nossas lágrimas, Sua divina misericórdia conceda a graça da cura àquele(a) que nós amamos. Que Nossa Senhora Aparecida nos atenda e que a vontade do Senhor seja feita, tanto na terra como no céu. Amém.

Nossa Senhora Aparecida, rogai por nosso mundo. / Santo

Expedito, salvação dos doentes, rogai por nós.
(Ao final, rezar três Pai-Nossos, três Ave-Marias e três Glórias ao Pai.)

Pela rápida solução de uma pendência

Ó Santo Expedito, humildemente viemos suplicar que venhas em nosso socorro, a fim de que Vossa pronta e segura intercessão nos obtenha do Senhor a graça de uma solução feliz e rápida na pendência que nos preocupa. Contudo, sem inquietude e totalmente confiantes na soberana sabedoria do Senhor, ousamos entregar-nos a Ele sem reservas, a fim de que somente Sua vontade nos governe. / Amém.
Santa Maria, Mãe de Deus, rogai por nós. / Santo Expedito, nosso socorro em assuntos de urgência, rogai por nós.
(Ao final, rezar três Pai-Nossos, três Ave-Marias e três Glórias ao Pai.)

Pela solução de uma divergência

Ó Santo Expedito, Vós, que por amor ao Senhor foste martirizado depois de um julgamento iníquo, concede-nos que, com toda caridade e perdoando nossos adversários, eles e nós sejamos esclarecidos, para que possamos reconhecer mutuamente os nossos erros e injustiças. E que, depois de

vencido nosso amor-próprio, possamos pôr um termo apaziguador à nossa divergência, que ofende a infinita Misericórdia do Senhor, a quem oferecemos a dor dessa prova em total submissão e humildade. Amém.
Ó Maria, rainha da paz, rogai por nós. / Santo Expedito, mediador dos processos, rogai por nós.
(Ao final, rezar três Pai-Nossos, três Ave-Marias e três Glórias ao Pai.)

Santo Expedito, nosso intercessor

Ó Senhor Deus, que manifestastes Vosso poder na vida de Santo Expedito, dando-lhe força para mudar de conduta e voltar-se para nós. Sabemos que sem a Vossa graça somos fracos e insuficientes. Neste dia, ó Deus, nós Vos pedimos, por intercessão de Santo Expedito, o auxílio em nossas necessidades, sobretudo nas mais urgentes. (Dizer os motivos da oração). De nossa parte comprometemo-nos a procurar fazer sempre a Vossa vontade e a socorrer os nossos irmãos e irmãs quando eles precisam de nós.
Santo Expedito, intercedei por nós!

Oração poderosa a Santo Expedito

Meu Santo Expedito das Causas Justas e Urgentes.

Socorrei-me nesta hora de aflição e desespero e intercedei por mim junto ao Nosso Senhor Jesus Cristo!
Vós que sois um santo guerreiro. Vós que sois o santo dos aflitos e dos desesperados. Vós que sois o santo das causas justas e urgentes. Protegei-me. / Ajudai-me, dai-me força, coragem e serenidade. / Atendei ao meu pedido. (Fazer o pedido) / Ajudai-me a superar estas horas difíceis. / Protegei-me de todos que possam me prejudicar. Protegei minha família. Devolvei-me a paz e a tranquilidade. / Atendei ao meu pedido com urgência. / Serei grato a Vós pelo resto de minha vida e / Levarei Vosso nome a todos os que têm fé.
(Ao final, rezar um Pai-Nosso, uma Ave-Maria e fazer o sinal da cruz.)

Santo Expedito, livrai-me do mal

Meu Santo Expedito, muitas pessoas, por meio de Vosso auxílio e imitando Vossos exemplos, encontraram o caminho para o Pai. Que saibamos sempre abrir o nosso coração aos nossos irmãos e irmãs que também necessitam da proteção de Deus.
Obtende-me do Pai a graça de enfrentar a vida com muita coragem, fé e perseverança no bem, sem vacilar diante das

dificuldades de cada dia. Por esse motivo Vos peço hoje a graça de que mais necessito. (Fazer o pedido)
Santo Expedito, intercedei por nós!

Oração singela a Santo Expedito

Ó glorioso Santo Expedito! Pelos méritos de Vossa inflexível fé, concede-nos que, para imitação Sua, saibamos preferir os encantos celestiais aos bens passageiros deste mundo, apressando, por Vossa intervenção, a entrada no céu das almas santificadas que sofrem no purgatório e concedendo Vosso patronato nos casos urgentes. / Assim seja.
Santo Expedito, valente defensor da Igreja de Cristo, rogai por nós.

Oração a santo Expedito
(Também pode servir para novena)

Ó Deus, que a intercessão do mártir Santo Expedito nos recomende junto à Tua divina bondade, a fim de que, por Seu auxílio, possamos obter aquilo que por nossos pobres méritos não podemos alcançar.
Pedimos-Te, Senhor, que orientes com Tua Graça todos os nossos pensamentos, palavras e ações, para que possamos com coragem, prontidão e em tempo chegar a um bom tér-

Como prova de minha gratidão, pela graça que imploro, Vos prometo, ó meu amabilíssimo protetor.

mino de todos os nossos compromissos e alcançar um final feliz de nossos planos por nosso Senhor Jesus Cristo.

Assim seja.

Oração a Santo Expedito

Ó mártir invicto, que pela disposição da divina misericórdia fostes escolhido para nos obter pronto e eficaz auxílio na extrema necessidade, dignai-Vos volver um olhar sobre os que vêm implorar o Vosso socorro com plena confiança em Vossa bondade.

Intercedei, ó grande Santo, por nós. Protegei-nos junto ao trono do Altíssimo e de Maria Santíssima, obtendo-me o necessário auxílio para conseguir minha eterna salvação e a graça especial (pedir a graça), se Deus quiser conceder-me.

Eu reconheço que sou indigno de Seus favores pelas ofensas que tenho feito à Divina Majestade, mas agora choro e detesto-as com todo meu coração, e espero o perdão de sua infinita misericórdia, pela intercessão de Maria e com o Vosso patrocínio.

Como prova de minha gratidão, pela graça que imploro, Vos prometo, ó meu amabilíssimo protetor (fazer a promessa)

(Ao final, rezar três Pai-Nossos, três Ave-Marias, três Glórias ao Pai e fazer o sinal da cruz.)

Oração a Santo Expedito

Santo Expedito, / Conhecido como o santo das soluções rápidas, / Que resolve todos os problemas de difícil resolução./ Santo dos negócios / Que precisam de uma resposta imediata, / Eu clamo por Tua ajuda! / Santo Expedito, / Tua invocação nunca é tardia, / Socorre-me nesta hora de aflição. / Intercede junto a Jesus Cristo. / Santo guerreiro dos aflitos e desesperados, / Santo das Causas Urgentes, / Protege-me! / Concede-me êxito, / Dá-me força, / Coragem e serenidade para superar este obstáculo. / Santo Expedito! / Atende meu pedido! (Dizer o que precisa) / Santo Expedito, eu Te suplico! / Não deixes para amanhã o que podes fazer hoje em meu auxílio. / Devolve a paz e a tranquilidade a mim (dizer seu nome três vezes) e à minha família. Amém!

Ladainha de Santo Expedito

(Para os que têm urgência na solução de um problema. Rezar nove dias.)

Senhor, tende piedade de nós. / Jesus Cristo, tende piedade de nós. / Senhor, tende piedade de nós. / Jesus Cristo, escutai-nos. / Jesus Cristo, atendei-nos. / Pai Celeste que sois Deus, tende piedade de nós. / Deus Filho, Redentor do mundo, tende piedade de nós. / Deus Espírito Santo, tende piedade de nós. / Santa Maria, Rainha dos mártires, rogai por nós. / Santo Expedito, invencível atleta da fé, rogai por nós. / Santo Expedito, fiel até a morte, rogai por nós. / Santo Expedito, que tudo perdestes para ganhar Jesus Cristo, rogai por nós. / Santo Expedito, que sofrestes os golpes da chibata, rogai por nós. / Santo Expedito, perecestes gloriosamente pela espada, rogai por nós. / Santo Expedito, que recebestes do Senhor a coroa de justiça que Ele prometeu aos que O amam, rogai por nós. / Santo Expedito, patrono da juventude, rogai por nós. / Santo Expedito, auxílio dos estudantes, rogai por nós. / Santo Expedito, modelo dos soldados, rogai por nós. / Santo Expedito, protetor dos viajantes, rogai por nós. / Santo Expedito, advogado dos pecadores, rogai por nós. / Santo Expedito, saúde dos doentes, rogai por nós. / Santo Expedito, mediador dos pleitos, rogai por nós. / Santo Expedito, nosso socorro nas questões urgentes, rogai por nós. / Santo Expedito, que nos ensinais que jamais é necessário remeter ao dia seguinte para pedir com ardor e confiança, rogai por nós. / Santo Expedito, sustentáculo fidelíssimo dos que esperam em Vós, rogai por nós. / Santo Expedito, cuja proteção à hora da morte é uma garantia de salvação, rogai por nós. / Cordeiro de Deus, que tirais os pecados do mundo, perdoai-nos, Senhor. / Cordeiro de

Senhor, tende piedade de nós. / Jesus Cristo, tende piedade de nós. / Senhor, tende piedade de nós. / Jesus Cristo, escutai-nos.

Deus, que tirais os pecados do mundo, atendei-nos, Senhor. Cordeiro de Deus, que tirais os pecados do mundo, tende piedade de nós, Senhor. / Jesus Cristo, escutai-nos. / Jesus Cristo, atendei-nos. / Santo Expedito, rogai por nós, para que sejamos dignos das promessas de Cristo. Amém!

Novena de Santo Expedito 1
(Para os que têm urgência na solução de um problema. Rezar nove dias.)

Senhor, tende piedade de mim. Jesus Cristo, tende piedade de mim. / Senhor, tende piedade de mim. Jesus Cristo, nos ouça. Jesus Cristo, nos escute. / Pai celestial, que sois Deus, tende piedade de mim. Deus, Espírito Santo, tende piedade de mim. / Santa Maria, Rainha dos Mártires, rogai por mim. Santo Expedito, fiel até a morte, rogai por mim. Santo Expedito, que tudo perdeu para ganhar a Jesus, rogai por mim. / Santo Expedito, que foste atormentado, rogai por mim. / Santo Expedito, que pereceste gloriosamente pela espada, rogai por mim. / Santo Expedito, que recebeste do Senhor a Coroa de Justiça que é prometida aos que O amam, rogai por mim. / Santo Expedito, ajudante daqueles que lhe pedem coisas, rogai por mim. / Santo Expedito, patrono da juventude, rogai por mim. / Santo Expedito, auxílio dos estu-

dantes, rogai por mim. / Santo Expedito, modelo de soldado, rogai por mim. / Santo Expedito, protetor dos viajantes, rogai por mim. / Santo Expedito, salvador dos enfermos, rogai por mim. / Santo Expedito, consolador dos aflitos, rogai por mim. / Santo Expedito, apoiador fiel dos que se apegam em Vós, rogai por mim. / Santo Expedito, eu Vos suplico, não deixes para amanhã o que podes fazer hoje, vinde em meu auxílio. / Jesus, Cordeiro de Deus, que tirais o pecado do mundo, perdoai-me, Senhor. / Jesus, Cordeiro de Deus, que tirais o pecado do mundo, escutai-me, Senhor. / Jesus, Cordeiro de Deus, que tirais o pecado do mundo, tende piedade de mim, Senhor. / Jesus, escutai-me. / Jesus, escutai minha oração. Que minha voz chegue a Vós, Senhor.

(Depois dessa oração, a cada dia, rezar um Pai-Nosso, uma Ave-Maria e uma Glória ao Pai.)

Novena de Santo Expedito 2

1º dia

Deus Onipotente e Misericordioso, que Vos comprazeis em exaltar os santos com os maiores prodígios, quando eram ainda viajantes na Terra, e os constituístes no céu canais pelos quais descem até nós as graças mais distintas, os favores mais regulares: dignai-Vos a exaltar a humilde súplica que, por intermédio do glorioso mártir Santo Expedito, Vos dirigimos em honra aos seus méritos.

2º dia

Ó mártir invicto, que por prêmio da Vossa fé, entre as desordens da malícia idólatra, vivestes o cristianismo mais perfeito, com o fato de não ambicionardes outra glória a não ser o de verdadeiro discípulo do Redentor crucificado, impetrai-nos a graça de conservarmos em nossos corações a santa fé católica que recebemos no batismo, de praticá-la publicamente, e de, com o bom exemplo, com respeito humano, cooperar da melhor maneira para a salvação das almas, enquanto esperamos com ansiedade a salvação da nossa.

3º dia

Incomparável Santo Expedito, que Vos tornastes na Igreja um verdadeiro exemplo de santidade, sofrendo, impávido, os tormentos e a morte em nome de Jesus Cristo, tornando-Vos, assim, digno da coroa de glória imarcescível que ora gozais no céu, onde protegeis todos aqueles que a Vós recorrem com fé, dignai-Vos acrescentar em nós a piedade que forma o verdadeiro caráter dos filhos de Deus, e ob-

tende-nos que correspondamos sempre e prontamente às inspirações de Sua divina graça.

4º dia

Ó mártir invicto, que por prêmio da Vossa fidelidade no serviço divino recebestes de Deus o poder de socorrer todos aqueles que a Vós recorrem, volvei o Vosso piedoso olhar sobre nós, em particular sobre aqueles que, opressos pelas tribulações e angústias, invocam o Vosso patrocínio. Providenciai, ó grande Santo, para que não nos faltem os bens temporais, mas sem prejuízo dos espirituais. Consolai-nos na dor, fortalecei-nos nas provações da vida, abençoai-nos com a santidade de Vosso amável coração. Que a divina ,misericórdia nos ajude a conseguir a eterna salvação.

5º dia

Unindo-nos àquela santa intenção com a qual tão corajosamente suportastes o martírio por amor a Jesus Cristo, Vos rogamos, ó grande Santo, que intercedais por nós a fim de que Nosso Senhor se digne a dispensar-nos a Sua misericórdia, para acréscimo de Sua glória na Terra, e assim amparados sejamos confortados com a graça particular que neste instante Vos pedimos, se esta convier à salvação de nossas almas.

6º dia

Ó fidelíssimo sustentáculo da nossa esperança, glorioso Santo Expedito, nós Vos rogamos que apresenteis nossas necessidades ao trono de Deus, por intermédio de Maria Santíssima, nossa poderosíssima advogada e carinhosa Mãe. A Sua oração e os Seus méritos, unidos aos Vossos e aos de todos os santos da Corte Celeste, obtenham o que nós, só por nossa falta de merecimento, não podemos conseguir.

7º dia

À Vossa contínua assistência e especial proteção recomendamos, ó grande Santo, a juventude militar. Defendei-a do perigo de perder a fé, a honestidade de costumes, e obtende para ela o espírito da fortaleza que, tornando-a fiel a Deus, a faça intrépida e corajosa para a defesa e o serviço da pátria.

8º dia

Estendei ainda, ó grande Santo, a Vossa proteção às pessoas atribuladas que confiam no Vosso patrocínio e, como nós, são Vossas devotas. Nós Vos recomendamos particularmente àquelas que, segundo o humano modo de ver, não podem ser atribuladas sem especial ajuda de Deus. Dignai-Vos exercitar em seu favor aquela prerrogativa conferida por Deus, de conceder-lhes prontamente o Vosso auxílio nas necessidades da vida, já que em Vós tanto confiam.

9º dia

Contemplai ainda, piedosamente, os pobres pecadores que, já prestes a soltarem o último suspiro, não pensam em procurar salvar-se. Fazei com que se convertam sinceramente ao Senhor, antes que compareçam perante o Seu tribunal. Rogai, ó grande Santo, a fim de que, na hora de nossa morte, nos tornemos dignos de que Nosso Senhor Jesus Cristo pronuncie em nosso favor aquelas palavras que Seu Divino Coração pronunciou no calvário: "Hodie mecum eris in Paradiso" ("Hoje mesmo estarás comigo no Paraíso")*; e depois de Vos haver imitado na Terra, quanto ao amor e fidelidade ao Redentor crucificado, mereçamos participar da Vossa glória no Céu.*

(Em todos os dias da novena, rezar um Pai-Nosso, uma Ave-Maria, uma Glória ao Pai e as três orações abaixo, sempre depois de proferir o texto referente a cada dia.)

Orações para todos os dias da novena

Solilóquio para novena de Santo Expedito

Dignai-Vos, ó Grande Virgem, apresentar ao trono da Divi-

Ó mártir invicto, que por prêmio da Vossa fidelidade no serviço divino recebestes de Deus o poder de socorrer todos aqueles que a Vós recorrem [...]

na Majestade a súplica que lhe dirigimos por intermédio do mártir Santo Expedito, dando-lhe maior valor com a poderosa intercessão a fim de que seja atendida e, nós, consolados com a graça particular que neste instante rogamos. Fazei resplandecer em nosso favor a soberana potência que Vos foi conferida por Deus, da qual é símbolo a coroa que Vos cinge a fronte, e na qual fundamos as nossas esperanças como à nossa Rainha e nossa confiança como à nossa Mãe Misericordiosa, em toda a Glória do Vosso Santíssimo Nome. Ó Maria, concebida sem pecado, rogai por nós, que recorremos a Vós.

Oração (Para antes da súplica)

Nós Vos suplicamos, Senhor, que inspireis com Vossa graça todos os pensamentos e ações a fim de que encontrem em Vós Seu princípio, e sejam, pela intercessão de Santo Expedito, levados com valor, fidelidade e prontidão, em tempo próprio e favorável, a bom e ditoso fim por Nosso Senhor Jesus Cristo. Amém.

Súplica

Santo Expedito, honrado e venerado pelo reconhecimento dos que Vos têm invocado na última hora e em casos ur-

gentes e de aflições, Vos pedimos a fim de que obtenhais hoje (ou escolher um dia) a graça de alcançar (pedir o que se deseja alcançar), o que esperamos com toda a submissão à vontade de Deus, pela intercessão de Maria Santíssima Imaculada e de todos os santos: receber a misericórdia infinita de Deus e a proteção do Coração Sagrado de Nosso Senhor Jesus Cristo. Amém.

Terço ao milagroso Santo Expedito

Em nome do Pai, do Filho e do Espírito Santo. Amém.
Meu Jesus, misericórdia dos meus pecados, libertai-me de todos os males que me oprimem o corpo, a alma e o espírito. / Dai-me Vossa graça e Vossa paz. / Não retireis de mim o Vosso Santo Espírito.
Creio em Deus Pai...

1. NA CONTA GRANDE:
Ó Santo Expedito, das causas urgentes, atende o pedido de tantos irmãos. Amigo dos pobres, aflitos, doentes, concede a todos Tua proteção.

NAS CONTAS MENORES (EM TODOS OS MISTÉRIOS):
Ó Santo Expedito, és forte, guerreiro, soldado de Cristo, fiel

vencedor; na hora difícil, és o medianeiro do povo que reza com tanto fervor.
Glória ao Pai...

2. NA CONTA GRANDE:
Ó Santo Expedito, Tua fé, firme e forte, ganhaste de Cristo a coroa da glória, e martirizado tiveste esta sorte, nós hoje cantamos a Tua vitória.

3. NA CONTA GRANDE:
Ó Santo Expedito, Tu és o modelo dos jovens, dos soldados e dos escolares, em nome de Cristo fazemos o apelo, semeia bondade em todos lugares.

4. NA CONTA GRANDE:
Ó Santo Expedito, que os viajantes não sofram tragédias em suas viagens, mas voltem aos lares felizes, contentes, com fé, esperança e muita coragem.

5. NA CONTA GRANDE:
Ó Santo Expedito, minha conversão de hoje não posso adiar para amanhã, eu penso um dia ter a salvação, por isso desejo a vida cristã.

Oração

Ó poderoso Santo Expedito, apresentai a Deus os meus pedidos, nesta hora de aflição e desespero em que me encontro. / Atendei com urgência o que Vos peço com fé e confiança. Anunciarei Vosso nome bendito entre os irmãos para que se convertam a Cristo seguindo Vosso belo exemplo de Mártir Glorioso, não trocando Jesus por nada neste mundo. Amém.

(Ao final, rezar um Pai-Nosso, três Ave-Marias e uma Glória ao Pai.)

Apêndice: Ave-Maria

Ave-Maria, cheia de graça / O Senhor é convosco / Bendita sois Vós / Entre as mulheres / Bendito é o fruto de Vosso ventre, Jesus / Santa Maria, mãe de Deus / Rogai por nós, pecadores / Agora e na hora da nossa morte. Amém.

Pai-Nosso

Pai Nosso que estais no céu / Santificado seja o Vosso nome / Venha a nós o Vosso reino / Seja feita a Vossa vontade / Assim na terra como no céu / O pão nosso de cada dia nos dai hoje / Perdoai as nossas ofensas / Assim como nós perdoamos a quem nos tem ofendido / Não nos deixeis cair em tentação / Mas livrai-nos do mal. Amém.

Glória ao Pai

Glória ao Pai / Ao Filho / Ao Espírito Santo / Assim como era no princípio / Agora e sempre / Por todos os séculos. Amém.

BIBLIOGRAFIA

CATÃO, Francisco. *Santo Expedito, novena e dados biográficos*. São Paulo: Paulinas, 2001.

MACCA, Marcelo. *Santo Expedito, o santo da urgência*. São Paulo: Planeta do Brasil, 2003.

SEIB, Carmem. *Santo Expedito*. São Paulo: Paulinas, 2005.

SITES

www.expeditosanto.com.br (acesso em 10/09/2007).

www.fazonline.com.br/geral/santo.htm (acesso em 10/09/2007).

www.paroquiasantoexpedito.com.br (acesso em 17/09/2007).

PUBLISHER // Kaíke Nanne

EDITORA EXECUTIVA // Carolina Chagas

COORDENAÇÃO GERAL // Maristela Ciarrocchi

COORDENADORA DE PRODUÇÃO // Thalita Aragão Ramalho

PRODUTORA EDITORIAL // Lara Gouvêa

REVISÃO // Luiz Werneck e Daniel Schilklaper

DIAGRAMAÇÃO // Typostudio

CAPA // Lúcio Nöthlich Pimentel

FOTO DA CAPA // Leo Averna

Este livro foi impresso em São Paulo, em 2015,
pela Intergraf para a Petra.
O papel do miolo é offset $63g/m^2$,
e o da capa é cartão $250g/m^2$.